LIEBE LESERIN, LIEBER LESER,

wir wissen, dass der Tod fester Bestandteil des Lebens ist. Doch wenn in unserer näheren Umgebung ein geliebter Mensch stirbt, wirft uns das oft genug aus der Bahn. Dabei ist es gar nicht mal entscheidend, ob der Tod überraschend kommt oder sich lange im Voraus angekündigt hat: Mit einem Mal sehen wir uns mit ganz unterschiedlichen, teilweise sogar widersprüchlichen Gefühlen, Gedanken und jeder Menge Fragen konfrontiert. Wir trauern. Jeder auf seine ganz eigene Weise.

Dieses Heft möchte Sie in Ihrer Trauer begleiten. Es möchte Ihnen Mut machen, sich Ihrer Trauer und allem, was dazugehört, zu stellen und sich von Gott durch diese besondere Zeit tragen zu lassen. Die Artikel zwischen den Impulsen sollen Ihnen helfen, besser zu verstehen, wie Trauer sich zeigen kann, wie sie sich auswirkt und welche besonderen Herausforderungen sie mit sich bringt. Nehmen Sie sich die Zeit, die Sie brauchen, um Ihren Verlust zu beklagen, Abschied zu nehmen, aber auch, um Ihr Leben an die neue Situation anzupassen.

Bevor Sie starten, werfen Sie am besten noch einen Blick auf die Seiten 4 und 5. Dort finden Sie einige nützliche Informationen zum Aufbau dieses Themenheftes sowie Tipps, wie Sie es mit möglichst viel Gewinn lesen können.

Viele trostspendende Impulse beim Lesen wünscht Ihnen

Nicole Sturm

Nicole Sturm ist Theologin und arbeitet als psychotherapeutischer Coach in eigener Praxis in Norddeutschland. Sie liebt guten Kaffee, Bücher, Sonne, Meer, tiefgehende Gespräche und natürlich Gott. Und dies ist ihre Homepage: www.vorwärtsleben.de.

> **Alles, was auf der Erde geschieht, hat seine von Gott bestimmte Zeit: geboren werden und sterben, einpflanzen und ausreißen, weinen und lachen, wehklagen und tanzen.**
>
> Prediger 3,1-2.4

Herzlichen Glückwunsch zum Erwerb dieses Themenheftes! Sicherlich hat es einen guten Grund, warum Sie gerade dieses ausgewählt haben. Sie dürfen auf 18 Impulse gespannt sein, die „Ihr" Thema auf der Grundlage der Bibel von verschiedenen Seiten beleuchten und Sie voranbringen wollen.

Die Themenhefte sind undatiert. Das bedeutet: Sie allein entscheiden, in welchem Zeitraum Sie die Impulse lesen wollen oder in welchem Rhythmus, ob einen Impuls pro Tag oder pro Woche oder ...

Bevor Sie das Heft aufschlagen, können Sie Gott bitten, dass er durch den Impuls in Ihre Situation hineinspricht.

Jedes Heft startet mit Gedanken, die Sie in das folgende Heft mit hineinnehmen wollen.

Lassen Sie sich nun überraschen, was die Bibel zum jeweiligen Thema sagt. Die Bibeltexte, auf denen die Impulse basieren, finden Sie am Ende des Hefts. Sie haben allerdings noch mehr vom Bibellesen, wenn Sie Ihre eigene Bibel zur Hand nehmen und die angegebenen Abschnitte direkt dort lesen. Und wenn Sie dann noch ein paar Verse vor und nach der angegeben Bibelstelle lesen, werden Sie zusätzliche Entdeckungen machen.

Lesen Sie nun den Gedankenanstoß zum Bibeltext. Wo finden Sie sich wieder? Worüber wollen Sie weiter nachdenken? Mit wem wollen Sie vielleicht darüber reden? Vertrauen Sie sich im Gebet Gott an und bitten Sie ihn, Ihnen bei der Umsetzung des Erkannten zu helfen.

Probieren Sie ruhig mutig den Handlungsimpuls am Ende aus. Lassen Sie Gedanken zu Taten werden. Erleben Sie, wie Gott Sie in Ihrer Trauer begleitet, trägt und ermutigt.

Mit der Bibel neue Kraft schöpfen – Tipps

Stellen Sie sich das Bibellesen doch einmal vor wie einen wunderschönen Urlaub. Damit Sie den so richtig genießen können, finden Sie im Folgenden ein paar wertvolle Tipps. Am meisten haben Sie davon, wenn Sie sich an jedem der 18 „Urlaubstage" ein ruhiges und bequemes Plätzchen suchen. Und das zu einer Tageszeit, in der Sie möglichst ungestört sein können.

Ankommen

Gott ist da und hört Sie. Schütten Sie ihm Ihr Herz aus und bitten Sie ihn, durch die Bibel zu Ihnen zu reden.

Entdecken

Lesen Sie den angegebenen Bibeltext im Heft oder besser noch in Ihrer eigenen Bibel. Am besten mehrfach und ruhig halblaut. Das hilft zur Konzentration. Lassen Sie sich mitnehmen in die Welt der Bibel und entdecken Sie Altes neu und Neues zum ersten Mal.

Vertiefen

Nehmen Sie sich Zeit, selbst Entdeckungen zu machen. Welcher Satz, welches Wort spricht Sie an. Was erfahren Sie über Gott oder Jesus?

Austausch

Was hat Gott Ihnen heute durch die Bibel gezeigt? Sind Sie ermutigt worden? Sind Sie auf etwas aufmerksam geworden? Sprechen Sie mit Gott über Ihre Fragen oder neuen Erkenntnisse.

JANUAR

S	M	D	M	D	F	S
					1	2
3	4	5	6	7	8	9
10	11	12	13	14	15	16
17	18	19	20	21	22	23
24	25	26	27	28	29	30

JEDER TAG

*D*er Tod kann sich lange im Voraus ankündigen oder vollkommen überraschend eintreten. Er kann aus einem glücklichen Leben reißen oder aus Leid erlösen. Für die, die zurückbleiben, ist er (trotzdem) meist ein Schock. Weil das, was passiert ist, endgültig ist: Ein geliebter Mensch ist tot und man muss sein eigenes Leben neu ordnen.

📖	Psalm 139,13-16	Seite 45

Von Gott gewollt, geschaffen und ins Leben gerufen. Er hat uns schon gekannt, bevor wir das Licht der Welt erblickten. Mehr noch: Er kennt unser Leben vom ersten bis zum letzten Atemzug. Das bedeutet, dass er sowohl dabei war, als Ihr geliebter Mensch starb, als auch jetzt bei

Täglich
Gott begleitet Sie

Ihnen ist, während Sie um ihn trauern. Sich dies vor Augen zu halten, kann ein Trost sein, weil wir wissen: Auch wenn wir uns noch in einer Art Schockzustand befinden mögen und uns überfordert fühlen – Gott ist es nicht. Er ist vorbereitet und steht uns zur Seite. Er kannte nicht nur jeden Tag im Leben des Verstorbenen, sondern er kennt auch jeden Tag unseres Lebens. Und er weiß, was wir jetzt gerade brauchen.

Jeder Tag Ihres Lebens ist Gott bekannt. Auch der heutige, der unter dem Vorzeichen von Abschied, Trauer, Anpassung an die neue Lebensrealität steht und womöglich viele Fragen und verschiedenste Emotionen beinhaltet. Laden Sie Gott heute ganz bewusst ein, Ihnen in Ihrer Trauer zu begegnen.

BEGRENZT

*W*arum müssen wir sterben? Warum können wir nicht einfach ewig leben – im Idealfall gesund, glücklich und ohne große Sorgen? Ein Szenario, das leider nichts mit unserer Lebensrealität zu tun hat ...

📖	1. Mose 6,3	Seite 45

Dieses Bild eines idealen Lebens hatte auch Gott im Kopf, als er die Welt schuf. Er hatte die Voraussetzungen dafür geschaffen – aber dann haben wir Menschen es vermasselt. Oder genauer gesagt Adam und Eva, die sich von Lügengeschichten einwickeln ließen und anfingen, Gottes guten Absichten für ihr Leben zu misstrauen (1. Mose 3). Seither leben wir in dem, was die Bibel eine gefallene Welt nennt: eine Welt, die nicht so ist, wie Gott es sich ursprünglich ausgemalt hat, eine Welt, in der Mühsal, Leid und Tod an der Tagesordnung sind – und 120 Jahre das absolute Maximum an Lebensjahren, in der Regel deutlich weniger.

Wir werden von Gott ins Leben gerufen – das ist der Anfang. An irgendeinem Punkt werden wir wieder herausgerufen – das ist das Ende unseres Erdenlebens. Diese zwei Eckpunkte im Leben sind gesetzt. Wie lange die Zeitspanne dazwischen ist und wie sie gefüllt wird, ist ganz unterschiedlich. Nehmen Sie sich heute einen Augenblick Zeit, um dieser Zeitspanne, die Ihrem Liebsten gegeben war, zu gedenken: den großen Meilensteinen, den Alltäglichkeiten, Höhen und Tiefen. Vielleicht hilft es Ihnen, wichtige Stationen auf einem Blatt Papier festzuhalten oder sich Fotos zu Hilfe zu nehmen.

> *Lebenszeit*
> **Gott hat alles im Blick**

Die vielen Gesichter des Todes

Bei Themen wie Tod und Trauer denken viele zu allererst an zwei Gruppen von Menschen: die, die lebenssatt im hohen Alter sterben, und die, die durch eine tödliche Krankheit oder einen Unfall aus dem Leben gerissen werden. Der Tod hat jedoch viele Gesichter. In jedem Fall bleiben die Hinterbliebenen trauernd zurück. Und doch gibt es Unterschiede und Besonderheiten. Hierfür möchte dieser Beitrag ein wenig sensibilisieren.

Es gibt sie: die Menschen, die ein hohes Alter erreichen, körperlich und geistig fit sind, sich abends ins Bett legen und am nächsten Morgen einfach nicht wieder aufwachen. Sie haben, wie man so schön sagt, ihr Leben gelebt und sind lebenssatt und friedlich eingeschlafen. Genauso gibt es aber auch die Jungen, die gefühlt gerade erst richtig ins Leben starten, die lebenshungrig sind und voller Pläne. Und mit einem Mal sind sie tot. Die verwaisten Eltern erleben hier eine Umkehr der natürlichen Reihenfolge: Kinder sollten nicht vor ihren Eltern aus dem Leben scheiden – und doch geschieht es immer wieder.

Der Tod kann ganz plötzlich und ohne jede Vorwarnung ins Leben eines Menschen treten. Auch Personen ohne jegliche bekannte Vorerkrankung können einen Herzinfarkt erleiden oder in einen tödlichen Unfall verwickelt sein. Manchmal ist der Tod aber auch so etwas wie ein langjähriger Wegbegleiter, etwa bei potenziell lebensbedrohlichen Erkrankungen. Hier geht er stets als mögliche Option oder gar als sicheres Ziel mit. Dies gilt für Menschen jeden Alters.

Es gibt Todesarten, die bis heute mit einem gesellschaftlichen Tabu verbunden sind, gerade auch in christlichen Kreisen. Hierzu gehört beispielsweise der Suizid. Obwohl allein in Deutschland jährlich etwa 10 000 Menschen durch Suizid sterben – das sind durchschnittlich 25 Personen pro Tag –, wird kaum darüber gesprochen. Diese Tabuisierung macht den Prozess der Trauer für die Hinterbliebenen besonders schwierig.

Der Verlust eines Menschenlebens noch im Mutterleib oder bei bzw. kurz nach der Geburt ist ebenfalls ein Erlebnis, das viele Menschen sprachlos macht. Um mit der eigenen Unsicherheit besser klarzukommen, wird oftmals versucht, den Verlust kleinzureden: Das Baby sei ja noch gar nicht geboren gewesen oder man wisse nicht, wie es sonst womöglich gelitten hätte. Solche Aussagen verletzen die trauernden und durch das Erlebte teilweise traumatisierten Eltern. Der plötzliche Kindstod ist ein ebenso großer Schock, meint man doch, das Kind in diesem Alter besonders gut beschützen zu können.

Es gibt noch viele andere Situationen, beispielsweise den Tod durch eine Gewalttat oder eine Naturkatastrophe. Auch wenn der Leichnam nach einem Unglück nicht geborgen werden kann und die Hinterbliebenen vor der Entscheidung stehen, mit dem Trauerprozess zu beginnen oder weiter auf ein Wunder zu hoffen ("Er hat den Absturz überlebt, aber vielleicht das Gedächtnis verloren und meldet sich deshalb nicht.").

Der Tod hat wie gesagt viele Gesichter. Jeder Tod bringt seine ganz speziellen Herausforderungen mit sich. Dessen sollten sich Trauernde bewusst sein, aber auch die, die ihnen nahestehen.

ALLES HAT SEINE ZEIT

*U*nser Leben folgt einem bestimmten Rhythmus. Bei den meisten sieht das in etwa so aus: Morgens steht man auf, zieht sich an, frühstückt, geht seiner Arbeit nach. Abends irgendwann legt man sich schlafen und am nächsten Tag geht es ganz ähnlich wieder von vorne los. Aber nicht nur der Tag folgt einem Rhythmus, sondern auch das Jahr und unser ganzes Leben.

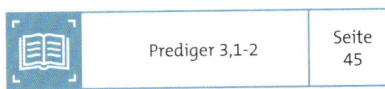

	Prediger 3,1-2	Seite 45

König Salomo ist bekannt für seine weisen Beobachtungen und Gedanken. Zu seinen bekanntesten Aussprüchen zählt dieser: Alles hat seine von Gott gegebene Zeit. Alles im Leben folgt einem gewissen Rhythmus, der oft aus scheinbaren Gegensätzen besteht. Sie gehen Hand in Hand, gehören paarweise zusammen. Oft wünschen wir uns, wir könnten uns nur den einen Teil rauspicken, aber wie Licht erst in der Dunkelheit seine volle Kraft entfaltet und wir es gerade

Rhythmus
Alles zu seiner Zeit

dann ganz besonders zu schätzen wissen, so gehören auch im Rhythmus des Lebens geliebte und eher ungeliebte Dinge zusammen; sie bilden ein Paar.

Schauen Sie heute einmal zurück auf Ihr Leben: Was haben Sie da schon alles Schönes er- und Herausforderndes durchlebt? Wo können Sie Gegensatz-Paare entdecken? Wenn Sie mögen, schreiben Sie es auf, um es festzuhalten. Denn es stimmt: Das Leben findet nicht immer auf Wolke 7 statt – aber genauso wenig immer im stockfinsteren Tal.

Trauernde unterstützen

Katrina arbeitet hauptberuflich als Trauerbegleiterin. Im Interview erzählt sie, was Freunde und Angehörige wissen sollten, um Trauernde auf ihrem Weg zu unterstützen.

Katrina, viele Menschen möchten Trauernden helfen. Allerdings geht das manchmal gehörig schief. Wie kommt das?

Viele versuchen, den Verlust zu rationalisieren. Eine Frau war mit Zwillingen schwanger. Eines der Babys starb. Da sagte ihre Freundin, sie könne doch froh sein, dass das andere Baby noch lebt. Das ist grundsätzlich natürlich richtig, gleichzeitig vermittelt so eine Aussage die Botschaft, dass es unangebracht ist, um das verstorbene Kind zu trauern. Ebenso verletzend kann es sein, wenn einer jungen Witwe gesagt wird, sie sei ja noch jung, sie würde sicher einen neuen Partner finden. Dabei geht es gar nicht darum, einen „Ersatz" zu finden, sondern dass ein geliebter Mensch nicht mehr da ist. Oder wenn jemand an Lungenkrebs stirbt und man dann fragt, ob die Person geraucht habe: Und selbst wenn? Macht das den Verlust weniger schlimm? Im frommen Bereich können auch Aussagen wie „Gott bürdet dir nicht mehr auf, als du tragen kannst" einer verbalen Ohrfeige gleichkommen.

Was kann man stattdessen tun, um Trauernden zu helfen?

Viele machen pauschale Hilfsangebote. Das Problem ist, dass Trauernde niemandem zur Last fallen wollen. Statt Hilfe anzubieten, kann man lieber selbst aktiv werden und überlegen, wo man unterstützen kann: einkaufen, Essen vorbeibringen, putzen, sich an Feiertagen melden, zuhören etc.

Viele versuchen ja, Trauernde aus ihrem Schmerz zu „erretten" ...

Das wird nicht funktionieren, denn Schmerz ist eine ganz natürliche Reaktion auf einen Verlust. Er ist kein Problem, das behoben, sondern ein Gefühl, das durchlebt werden muss. Es geht nicht darum, zu leiden, sondern den Schmerz zuzulassen. Sei für den Trauernden da. Schweige mit ihm, hör zu, rede über den Verstorbenen, teile Erinnerungen. Und steh auch dazu, wenn dir mal die Worte fehlen.

Wie lange „dauert" Trauer?

Das ist ganz unterschiedlich. Für viele Trauernde ist das zweite Jahr nach dem Tod übrigens herausfordernder als das erste. Denn das war oft noch von Schock und Nichtbegreifen geprägt. Man war im Überlebensmodus, musste plötzlich neue Rollen und Aufgaben übernehmen. Im zweiten Jahr begreifen viele erst richtig, was passiert ist. Von daher ist es auch so wichtig, langfristig für Trauernde da zu sein, nicht nur in der akuten Phase.

Möchtest du noch etwas loswerden?

Es gibt keine richtige oder falsche Art zu trauern. Wer trauert, wird mit einer Bandbreite an Emotionen konfrontiert. Wichtig dabei ist, dem Schmerz nicht auszuweichen, denn sonst wird er sich in anderer Form zeigen, zum Beispiel in Ängsten, Wutausbrüchen, Depressionen. Und Trauernde sollten sich immer wieder die Erlaubnis geben, so zu trauern, wie sie es brauchen.

Danke für das Gespräch!

UNZERTRENNLICH

„*D*ie passen zusammen wie Topf und Deckel." Es gibt viele Redewendungen wie diese, die ausdrücken sollen, dass zwei Menschen ganz wunderbar zusammenpassen. Zusammengehören – am besten auf ewig. Doch ganz gleich, wie gut man zusammenpasst – irgendwann trennt spätestens der Tod zwei Menschen. Nicht aber einen Menschen und Gott.

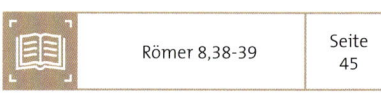

| | Römer 8,38-39 | Seite 45 |

Es gibt vieles, was sich zwischen zwei Menschen stellen und die Beziehung zerstören kann. Paulus wusste das und listet in seinem Brief an die Römer eine Vielzahl an Möglichkeiten auf. Sie alle tragen das Potenzial in sich, Menschen zu entzweien. Aber – und das ist der zentrale Punkt – nichts davon vermag uns von Gottes Liebe zu trennen. Auch nicht der Tod. Er mag die verstorbene Person von ihren Liebsten trennen, aber nicht von ihrem Gott. Der Tod ist nicht das Ende der Beziehung, sondern eher ein Doppelpunkt: der Startschuss in die Fortsetzung, die Ewigkeit genannt wird.

Doppelpunkt
Die Ewigkeit wartet

„Der Tod ist kein Schlusspunkt, sondern ein Doppelpunkt in der Geschichte meines Lebens." – Schreiben Sie diesen Satz auf ein Blatt Papier und rahmen Sie es sich ein als beständige Erinnerung. Dabei geht es nicht darum, sich den Schmerz zu verbieten, sondern das Bild um einen wichtigen Aspekt zu ergänzen. Wie präsent ist Ihnen der Doppelpunkt-Aspekt?

> Ihr, die ihr mich so geliebt habt,
> seht nicht auf das Leben,
> das ich beendet habe,
> sondern auf das,
> welches ich beginne.
>
> **Augustinus**

geliebt

Wenn Paare *unterschiedlich* trauern

Melanie und Markus Giger leben mit ihren beiden Kindern in der Schweiz. 2012 starb ihr drittes Kind gerade einmal 30 Stunden nach der Geburt. Dieses Erlebnis war traumatisch und ihr Weg zurück ins Leben lang und beschwerlich. Im Interview erzählen sie, wie sie die Zeit der Trauer erlebt haben.

In der Theorie ist den meisten von uns klar, dass jeder Mensch unterschiedlich trauert. Wenn man es dann aber hautnah erlebt, verwirrt es einen oft dennoch. Wie habt ihr das erlebt?

Melanie: Bei uns hat sich das eindrücklich bestätigt. Die Unterschiede waren riesig und spannungsvoll. Über Monate flossen bei mir die Tränen. Ich hatte ein ausgeprägtes Bedürfnis, über das Erlebte und meine Situation zu reden, und suchte sehr oft das Grab unseres Sohnes auf. Alles in mir war über lange Zeit wie erstarrt.

Markus: Ich habe mich neben der sehr starken familiären Mehrbelastung oft zurückgezogen. Spät abends bin ich alleine in den Wald gegangen und habe ein Feuer gemacht. Ich habe mich in Projekte gestürzt und angefangen, Golf zu spielen. Mir persönlich bedeutet das Grab als „Trauerort" nicht sehr viel, und über das Geschehene zu sprechen, fiel mir schwer.

Wie war es für euch, zu erleben, dass ihr ganz unterschiedlich trauert?

Markus: Wir haben uns bereits in den Tagen nach dem Tod bewusst dafür entschieden und einander versprochen, dass wir den Weg des anderen akzeptieren, uns keine Vorwürfe machen und beieinanderbleiben. Diese Grundsatzentscheidung war ein Schlüssel auf dem Weg, der danach folgte.

Ich wollte so rasch wie möglich wieder zurück ins Leben. Melanie brauchte viel Zeit zum Trauern.

Melanie: Einerseits war es wichtig, dass jeder seinen Weg gehen konnte. Andererseits mussten wir gut darauf achten, dass wir uns nicht aus den Augen verlieren. Das Golfspielen von Markus ist ein gutes Beispiel: Er trauerte, indem er den Ball mit voller Wucht und einem Gebet in die Weite drosch. Ich dachte mir immer, wenn er ging, dass er die Zeit dafür nur hat, weil unser Sohn tot ist.

Es heißt, dass viele Ehen den Tod eines Kindes nicht überstehen. Was hat euch dabei geholfen, eure Beziehung zu erhalten?

Melanie: Wir haben unser Bestes gegeben, viel an unserer Beziehung gearbeitet und in sie investiert. Aber letztlich ist es Gnade – es hätte auch anders kommen können. Es war lange Zeit ein schmaler Grat. Wir haben uns davor gehütet, einander Vorwürfe für den Weg des anderen zu machen, gerade auch da, wo wir körperlich beide stark erschöpft waren. Auch unser Versprechen, für immer beieinanderzubleiben – nicht nur, solange wir es gut haben –, war ein wichtiges Fundament. Wir haben uns bewusst immer wieder stundenweise individuelle Freiräume zugestanden, um Kraft zu tanken und um zu trauern.

Markus: Wichtig waren uns auch die ganz praktischen Dinge wie unsere wöchentlichen Eheabende. Auch wenn wir nur sprachlos nebeneinander auf dem Sofa gesessen haben. Wir haben auch bewusst gemeinsame Projekte als Ehepaar und Familie gestartet, beispielsweise ein Hochbeet im Garten angelegt. Bewusst das Verbindende gesucht und in solches investiert: sind zum Beispiel gemeinsam im Restaurant essen gegangen, haben ein Wochenende in einem Hotel verbracht, ein gemeinsames Hobby bewusst gepflegt. Und dann die kleinen Aufmerksamkeiten im Alltag, die waren auch ein wichtiger Schlüssel: eine Karte schreiben oder die Lieblingsschokolade für den Partner kaufen.

**Welchen abschließenden Tipp möchtet ihr anderen „parallel anders Trauernden"
mit auf den Weg geben?**

Melanie: Gesteht einander die Andersartigkeit im Umgang mit der Trauer zu. Es gibt kein Richtig oder Falsch. Trauer verläuft in Phasen. Diese Phasen zu kennen, hilft, besser einordnen zu können, wo man selbst, aber auch der Partner gerade steht. Es hilft, besser zu verstehen. Und holt euch professionelle Hilfe, einzeln oder als Paar. Besser früher als später. Uns hat das geholfen, neu die Weichen zu stellen und gemeinsam in die gleiche Richtung vorwärtszugehen.

Markus: Seid euch bewusst, dass es gewöhnlich ein steiler, kräftezehrender Weg ist, der einen langen Atem erfordert. Er gleicht einem Marathon. Teilt euch eure Kräfte deshalb gut ein und vergesst nicht die Selbstfürsorge.

In ihrem Buch „Mitten im Sturm – leben, glauben, lieben" (Mosaicstones Verlag, ISBN 978-3-906959-47-4) erzählen Melanie und Markus Giger ihre Geschichte.

Mehr Infos finden Sie unter www.mittenimsturm.ch.
Hier können Sie auch das Buch bestellen.

TRAURIGE DANKBARKEIT

$\mathcal{D}$ankbar sein für das, was man hat – leichter gesagt als getan, wenn einem gerade etwas Wertvolles genommen wurde. Genauer gesagt: ein geliebter Mensch. Es ist so unglaublich schwer, weil einem der Verlust so klar vor Augen steht, weil dieser Mensch an allen Ecken und Enden fehlt ...

		Seite 46
	Hiob 1,21	

Das Leben ist ein Geschenk Gottes. Wir starten mit nichts oder zumindest mit wenig ins Leben und dürfen staunend beobachten, wie es sich entwickelt. Wie wir uns entwickeln. Welche Türen sich öffnen, während andere verschlossen bleiben. Welche Menschen und Dinge unser Leben bereichern. Wenn sie weggehen, fehlen sie uns, wird uns das Leben schwer. Hiob wollte ganz sicher nicht fromme Reden schwingen, sondern hatte inmitten des Schmerzes eine wichtige Erkenntnis: Wir dürfen das Gute dankbar aus Gottes Hand annehmen und das Schwere mit Gott tragen.

Dankbarkeit
Auch in traurigen Zeiten

Ein neuer Lebensabschnitt ist durch den Tod eingeläutet worden. Der Verlust steht einem klar vor Augen. Nehmen Sie sich gerade deshalb heute einen Augenblick Zeit, um dankbar zurückzuschauen darauf, wie der Verstorbene/die Verstorbene Ihr Leben bereichert hat: Welche schönen Augenblicke durften Sie mit ihr oder ihm erleben, welche Erfahrungen sammeln? Suchen Sie sich dazu zum Beispiel Fotos heraus. Vielleicht möchten Sie auch eine Collage oder ein neues Fotoalbum unter dem Gesichtspunkt „Dankbarkeit" erstellen.

WUNDER

„Wunder gibt es immer wieder", singt Katja Ebstein in einem ihrer Lieder. Wer wünscht sie sich nicht? Es gibt so viele wunderbare Wünsche ... In Trauerzeiten wünschen sich viele, sie könnten die Zeit zurückdrehen. Oder noch besser: den Tod ungeschehen machen.

📖	Apostelgeschichte 9,36-41	Seite 46

Die Witwen in Joppe erlebten genau solch ein Wunder. Ob sie wirklich darauf zu hoffen gewagt hatten, als sie nach Petrus schickten?

Auch ohne Wunder
Gott steht zur Seite

Die Bibel erzählt an mehreren Stellen davon, dass Gott Tote wieder zum Leben erweckt. Doch obwohl es mehrmals geschieht, sind diese Wunder die absolute Ausnahme: punktuelle Machtdemonstrationen Gottes. Im Normalfall erleben wir so etwas nicht. Stattdessen verspricht Gott, uns inmitten unserer Trauer zur Seite zu stehen. Er ist da!

Warum werden manche Gebete um ein Wunder erhört und andere nicht? Wir wissen es nicht. Gott sagt aber, dass er unser Bestes im Sinn hat. Und dass seine Gedanken höher sind als unsere. Irgendwann werden wir ihn mit all unseren Fragen bombardieren können und Antworten erhalten. Nehmen Sie sich heute etwas Zeit, um all diese Fragen einmal zu Papier zu bringen – ganz offen und ehrlich. Gott hält das aus!

GANZ NAH

$\mathcal{D}$ie meisten Trauernden wollen ihre Mitmenschen nicht mit ihren vielen schweren und teilweise widerstreitenden Gedanken, ihren Zweifeln und Gefühls-Berg-und-Talfahrten belästigen. Sie wollen keine Spaßbremse sein. Ist es dann nicht vielleicht das Beste, einfach alles mit sich selbst auszumachen? Aber es wäre doch so schön, wenn da jemand wäre ...

📖	Psalm 34,19	Seite 46

 Trauer ist eine komplizierte Angelegenheit, denn jeder Mensch trauert anders. Für Außenstehende ist das nicht immer ganz nachvollziehbar. Und doch tun viele ihr Bestes, um zu helfen – was mal besser und mal weniger gut gelingt. Wer aber immer da ist, und zwar rund um die Uhr, jeden Tag, Jahr für Jahr, wer uns bis ins tiefste Innerste unserer Seele kennt und durch und durch versteht, ist Gott. Diese Erfahrung

Trauer
Gott ist Ihnen nah

hat König David gemacht und sie in seinem Psalm mit seinen Mitmenschen geteilt. Gott kennt sich mit zerbrochenen Herzen, einem zerschlagenen Gemüt, eben mit Trauer aus. Er ist damit weder überfordert noch in irgendeiner Weise pikiert.

 David benutzt zwei eindrückliche Bilder, um seine Gefühlslage zu beschreiben. Jeder Mensch ist anders, empfindet anders, trauert anders. Nehmen Sie sich ein bisschen Zeit: Mit welchen, vielleicht auch ganz anderen Bildern, würden Sie sich gerade beschreiben? Wenn Sie mögen, malen Sie das Bild eines zerbrochenen Herzens und schreiben Sie hinein, wie Sie sich gerade fühlen. Und wenn Sie einen gedanklichen Blick in die Zukunft werfen: Wie würden Sie sich da gerne sehen? Vielleicht können Sie hier schon wieder ein intaktes Herz malen und Ihre Gefühle hineinschreiben?

Über die

Trauer

Mit Trauer verbinden die meisten vor allem Tränen. In Wirklichkeit wirkt sich Trauer auf weitaus vielfältigere Art und Weise auf das Leben der Hinterbliebenen aus. Das zu wissen, kann helfen, manches besser einzuordnen. Im Folgenden ein kleiner Überblick, um weitere Auswirkungen von Trauer besser einordnen zu können:

Gefühle

Trauer, das ist weitaus mehr als nur Traurigkeit. Viele Menschen sind überrascht, wenn sie bei sich noch ganz andere Gefühle wahrnehmen. Mit Sehnsucht, Schock, Erschöpfung, Einsamkeit, emotionaler Taubheit oder auch einem Gefühl von Hilflosigkeit mögen manche noch rechnen. Aber wie sieht es mit Angst aus? Oder mit Wut? Was ist, wenn man womöglich sogar so etwas wie Befreiung oder Erleichterung verspürt? All das (und noch vieles mehr) gehört zu den Zutaten des bunten, nicht immer angenehmen Gefühlscocktails der Trauer.

Körper

Auch unser Körper reagiert auf den Verlust eines geliebten Menschen. Der sprichwörtliche „Stein im Bauch", eine enge Brust oder zugeschnürte Kehle können ebenso mögliche Reaktionen sein wie das Gefühl, irgendwie neben sich zu stehen. Man fühlt sich schwach, antriebslos oder ist kurzatmig. Einige Trauernde sind zudem überempfindlich gegenüber Lärm oder anderen Reizen von außen. Auch dies ist nur eine kleine Auswahl von Auswirkungen, die Trauer auf unseren Körper haben kann.

Gedanken

Wenn ein geliebter Mensch stirbt, ist das oft ein Schock – selbst dann, wenn es sich über einen längeren Zeitraum angekündigt hat. Dementsprechend reagieren viele Menschen zunächst einmal mit Leugnung: Es kann nicht sein, was nicht sein darf! Man ist verwirrt, die Gedanken kreisen pausenlos um die verstorbene Person. Manche Trauernde fühlen sich dem Verstorbenen auf unerklärliche Weise ganz nah. Auch Halluzinationen sind gerade in der Anfangszeit nicht ungewöhnlich.

Verhalten

Viele Trauernde klagen über Schlafstörungen: Sie finden nur schwer in den Schlaf oder wachen frühzeitig wieder auf. Auch Albträume kommen häufig vor, ebenso Angst vor dem nächtlichen Alleinsein. Während einige Menschen durch die Trauer wenig bis keinen Appetit verspüren, essen andere deutlich mehr als normal. Man ist zerstreut, zieht sich aus den sozialen Beziehungen zurück – oft, weil man niemanden mit seiner Trauer belasten will. Einige Menschen fangen an, gewisse Orte oder Gegenstände, die sie mit der verstorbenen Person verbinden, zu meiden. Weinen, aber auch Rastlosigkeit sind weitere typische Verhaltensänderungen.

ES GEHT WEITER!

*O*b ich ein Auto fahren darf, entscheidet sich daran, ob ich über einen Führerschein verfüge. In viele Länder kann ich nur mit einem gültigen Visum einreisen. Aber wie sieht es eigentlich bei der Frage nach den Zugangsvoraussetzungen für den Himmel aus?

| | Johannes 11,25-26 | Seite 47 |

Jesus hat sich selbst mit den Ich-bin-Worten auf vielerlei Weise beschrieben. Eine dieser Beschreibungen ist die von der Auferstehung und dem Leben. An ihm, Jesus, entscheidet sich gemäß christlicher Überzeugung, wie es nach dem Tod weitergeht. Wer an ihn glaubt und

Hoffnung
Der Tod ist nicht das Ende

auf ihn vertraut, für den ist der Tod nicht das Ende. Vielmehr markiert er den Übergang in die Ewigkeit: Endlich kann man Gott hautnah erleben, ihn mit allen Fragen, auf die man zu Lebzeiten keine (zufriedenstellende) Antwort gefunden hat, löchern – und Antworten finden. Das, was nach dem Tod kommt, ist unbeschreiblich schön.

Wenn Sie um einen Jesus-Nachfolger trauern, lassen Sie sich von dieser Perspektive trösten. Wenn Sie nicht genau wissen, wie der Verstorbene zu Jesus stand, vertrauen Sie darauf, dass Gott ins Herz eines jeden Menschen schaut und gerecht entscheidet. Und wenn Ihnen schon nach Musik zumute ist, lassen Sie sich berühren und trösten von dem Lied „In Christus ist mein ganzer Halt":
https://www.youtube.com/watch?v=a28pzG50ffA

EINER FÜR ALLE

*E*iner ist schuld und alle müssen büßen. Vermutlich haben Sie das auch schon einmal erlebt. Klassisches Beispiel: Im Büro lässt ein Kollege ständig sein Essen im Kühlschrank vergammeln und verschimmeln, also wird der Kühlschrank irgendwann abgeschafft.

| | Johannes 3,16 1. Korinther 15,21 | Seite 47 |

Adam ließ sich dazu verleiten, Gottes Worten zu misstrauen. Er machte „sein eigenes Ding", hielt sich nicht an Gottes Regeln, sondern ließ sich von Eva überreden, den Aussagen der Schlange zu vertrauen ... und ritt damit die gesamte Menschheit ins Unglück. Seit diesem Vertrauensbruch ist nichts mehr so, wie es einmal war. Die Welt hat sich verändert. Mit einem Mal hielten Krankheit, Tod und Leid Einzug in die Welt – Dinge, die Gott ursprünglich nie vorgesehen hatte. Sie sind

Jesus
Einer für alle

die Folgen von Adams Vertrauensbruch. Er hat es verbockt, aber Gott schickt Jesus, um alles Trennende zu beseitigen und Vergebung, neue Nähe zu ihm und eine Ewigkeit mit ihm zu ermöglichen. Einer, der die gesamte Menschheit wieder retten will.

Gott selbst hat den Weg frei gemacht, damit wir ihm nahe sein können. Dafür können wir ihm heute danken. Nehmen Sie sich heute ein paar Minuten Zeit, um sich zu überlegen, was das für Sie ganz konkret bedeutet. Vielleicht bei einem kleinen Spaziergang an der frischen Luft.

JESUS, DER SIEGER

*M*anchmal ist etwas schon Realität, auch wenn wir vielleicht noch gar nichts oder nur ganz wenig davon spüren: das Baby im Bauch, das noch nicht größer ist als ein paar Millimeter. Die Jobzusage, die noch im Postauto liegt ... Und so hoffen wir auch manchmal auf etwas, was wir noch nicht sehen. Und doch ist es real.

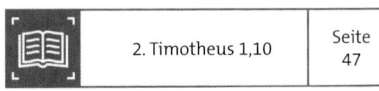

| | 2. Timotheus 1,10 | Seite 47 |

Jesus Christus kennen viele, zumindest vom Hörensagen. Manche nennen ihn Gottes Sohn, andere Revolutionär, durchgeknallt, Retter, charismatischer Kopfverdreher, Ketzer, Religionsgründer. Ein Mann, der vor über 2000 Jahren gelebt hat. Die Bibel sagt uns, dass er etwas Großes vollbracht hat: Er hat durch seinen Tod nicht nur die Grundlage gelegt für unsere Sündenvergebung. Nein, er hat durch seine Auferstehung dem Tod die Macht entrissen. Der Tod hat nicht mehr das letzte Wort über die, die an Jesus glauben. Ein Machtwechsel, der vergleichsweise unspektakulär vonstatten ging – und doch alles verändert.

Sieger
Jesus hat dem Tod die Macht genommen

„Jesus hat dem Tod die Macht genommen." Wenn Sie mögen, schreiben Sie diese Wahrheit auf ein Stück Papier und legen es an einen Ort, wo Sie es häufig sehen. Es soll Sie daran erinnern, dass, von der Mehrheit der Welt unbeachtet, ein Weltereignis stattgefunden hat, das nicht nur das Leben, sondern auch den Tod für immer verändert.

JETZT

*W*as steht heute bei Ihnen an? Gemeint sind nicht die Aufgaben, die auf Ihrer To-do-Liste stehen und abgearbeitet werden müssen. Vielmehr geht es darum, was für Sie in Ihrem Leben grundsätzlich gerade „dran" ist. Denn alles hat seine Zeit. Was hat gerade bei Ihnen „seine Zeit"?

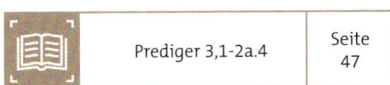

| | Prediger 3,1-2a.4 | Seite 47 |

Salomo hat gesagt, dass Leben und Sterben seine Zeit hat. Aber noch für vieles andere gibt es Zeiten im Leben, in denen Dinge klar in den Fokus rücken. Nach dem Tod eines geliebten Menschen ist es wichtig, sich die Zeit zu nehmen, um diesen Verlust angemessen zu betrauern. Das gilt auch dann, wenn man die Person bei Gott weiß oder der Tod womöglich das erlösende Ende einer langen schweren Krankheit war. Jemand fehlt –

Zeit nehmen
Den Verlust spüren und Abschied nehmen

schmerzlich. Diesem Schmerz darf man Raum und Zeit geben. Und zwar so viel Zeit, wie nötig ist. Um danach auch wieder mit ganzem Herzen in andere Lebensphasen eintauchen zu können, in denen beispielsweise Lachen und Tanzen dran sind.

Wenn Sie es noch nicht getan haben, werfen Sie heute doch einmal einen Blick auf die Seiten 31 und 32. Dort geht es um die sogenannten Traueraufgaben. Vielleicht mögen Sie sich einen Augenblick Zeit nehmen, um zu schauen, wo Sie gerade stehen und welche Herausforderung es momentan zu meistern gilt. Gott ist an Ihrer Seite, ebenso wie sicherlich viele Menschen. Nutzen Sie diese Ressourcen.

Trauer und was sie beeinflusst

Wie ein Mensch die Zeit der Trauer erlebt, hängt von verschiedenen Faktoren ab. Der Trauerforscher J. William Worden hat die folgenden sieben als besonders wichtig eingestuft:

1. Wer ist gestorben?

Welche Art von Beziehung hatte man zu der verstorbenen Person? Hierbei geht es weniger um den Verwandtschaftsgrad als darum, wie nahe man dem Menschen emotional stand.

2. Welche Bindung bestand zum Verstorbenen?

Wie stark war die Bindung und als wie sicher wurde sie erlebt? Gab es Konflikte oder Abhängigkeitsverhältnisse, die jetzt für starke Schuldgefühle oder Wut sorgen?

3. Was waren die Todesumstände?

War es eine natürliche Ursache, die zum Tod geführt hat, ein Unfall, Suizid oder Mord? Trat er plötzlich ein oder gab es die Möglichkeit, sich darauf vorzubereiten? Wenn der Tod nach eigenem Dafürhalten vermeidbar gewesen wäre, kommt es oft zu Schuldgefühlen, -zuweisungen und/oder Selbstvorwürfen. Jede Todesart birgt besondere Herausforderungen, derer man sich bewusst sein sollte.

4. Frühere Erfahrungen

Gab es in der Vergangenheit Todesfälle, die nicht ausreichend ver-arbeitet wurden und durch den aktuellen Todesfall wieder hoch-kommen? Dies ist nicht ungewöhnlich. Auch können zum Beispiel depressive Vorerkrankungen den Trauerprozess verkomplizieren.

5. Die eigene Persönlichkeit

Hier spielen Dinge wie Alter und Geschlecht eine Rolle, vor allem aber die Frage, inwieweit man über ausreichend Bewältigungs-strategien verfügt, um mit der neuen Situation umgehen zu kön-nen. Ebenso wichtig ist die eigene Sicht auf das Leben und die ei-gene Rolle darin.

6. Soziales Umfeld

Trauer ist ein soziales Phänomen. Deshalb ist eine ausreichende soziale Unterstützung von großer Bedeutung – und das nicht nur in der akuten Anfangszeit, sondern auch längerfristig. Ist Unter-stützung und Hilfe von anderen vorhanden oder wird man dazu gedrängt, doch endlich die Trauer hinter sich zu lassen und sich wieder ins Leben zu stürzen?

7. Zusätzliche Belastungen

Parallel zur Trauer auftretende Veränderungen und Krisen haben Auswirkungen auf den Trauerprozess. Veränderungen sind unver-meidlich. Sind sie jedoch sehr groß, beispielsweise weil der Tod mit großen finanziellen Einbußen einhergeht, sorgt dies oft für große Schwierigkeiten.

Jeder dieser Punkte kann sich je nach Situation als hilfreich oder aber als hinderlich erweisen. Meist ist es eine Mischung aus Fak-toren, die die Trauer erschweren oder aber positiv beeinflussen. Nehmen Sie sich einen Moment Zeit, um die einzelnen Punkte be-zogen auf Ihre ganz persönliche Situation durchzugehen. Freuen Sie sich über die Dinge, die gut laufen. Nehmen Sie aber genauso die hinderlichen Aspekte wahr und überlegen Sie sich, wie Sie da-mit in Zukunft umgehen möchten.

SICH ZEIGEN IN SEINER TRAUER

„*W*as werden die Leute über mich denken?" Vielleicht ging Ihnen diese Frage auch schon einmal durch den Kopf. „Werden sie mich für schwach halten, wenn ich um Hilfe bitte?" „Darf ich das Leben genießen, obwohl ich trauere?" Unser Blick wandert nach außen, zu „den Leuten" ...

	Hiob 1,18-20 2. Samuel 1,11-12	Seite 48

Als Hiob vom Tod seiner Kinder erfährt, zeigt er seine Trauer. Als David von Sauls und Jonatans Tod erfährt, beweint er diesen Verlust nicht nur in seinem stillen Kämmerlein, sondern öffentlich. Es war akzeptiert,

Trauer zeigen
Eine passende Symbolik finden

dass Trauer sichtbar gemacht und als Gemeinschaft erlebt wurde. Natürlich ist nach ein paar Stunden Fasten und einer Totenklage oder dem Zerreißen von Kleidung nicht gleich alles wieder in bester Ordnung. Aber es sind symbolische Handlungen, die einen kleinen Einblick davon vermitteln, wie es den Trauernden geht.

Oftmals versuchen Außenstehende, Trauernde mit Worten zu trösten, die den Blick auf eine baldige Besserung lenken sollen. Tatsächlich dauert Trauer oft lange. Sie ebbt mit der Zeit ab, kommt aber wellenartig immer wieder hoch. Suchen Sie nach Wegen, um Ihrer Trauer Ausdruck zu verleihen. Dazu muss man sich keine Glatze rasieren. Suchen Sie nach einer Symbolik, die zu Ihnen und Ihrer Trauer passt.

Die vier Traueraufgaben

Man hört oft davon, dass Trauer in Phasen verläuft. Mindestens genauso wichtig ist es aber, sich der vier großen Herausforderungen bewusst zu sein, die Trauer an uns stellt. Hierbei geht es nicht darum, die Aufgaben eine nach der anderen „abzuarbeiten", sondern sich den damit verbundenen Themen bewusst zu stellen – auch und gerade dann, wenn man sie am liebsten großräumig umschiffen würde, weil sie sich zunächst einmal unangenehm anfühlen.

Aufgabe 1
Den Verlust des geliebten Menschen akzeptieren: Auch wenn man sich wünschte, es wäre anders – man weiß, die Person ist tot.

Aufgabe 2
Sich dem Schmerz des Verlustes stellen: Nur wenn man sich erlaubt, ihn zu fühlen, kann man ihn auch nach und nach verarbeiten.

Aufgabe 3
Sich an ein Leben ohne die verstorbene Person anpassen: Es gilt, neu herauszufinden, wer man ohne die Person ist, aber auch das womöglich durch den Tod ins Wanken geratene Weltbild neu zu konstruieren.

Aufgabe 4
Einen Weg finden, den Tod der verstorbenen Person ins Leben zu integrieren: aufbrechen in ein neues Leben ohne sie, in dem für andere Menschen und Möglichkeiten Platz ist.

Die Aufgaben folgen einer gewissen Logik und Reihenfolge. Jedoch wird man immer wieder feststellen, dass man, während man an einer Aufgabe arbeitet, noch mal bei einer vorherigen „nachjustiert" oder sich gedanklich schon mit der nächsten befasst. Wichtig ist vor allem, dass man sich diesen Aufgaben stellt und Antworten findet. Welche das sind und wie lange der Prozess dauert, ist individuell ganz unterschiedlich. Irgendwann aber wird man feststellen, dass die Trauer weniger wird und der Blick wieder mehr in Richtung Zukunft und der Lebenden geht, während der quälende Schmerz immer weiter abnimmt.

ERINNERUNGSORTE

*W*ir schauen uns Fotoalben an, schwelgen in Erinnerungen an schöne Momente, Urlaube, besondere Meilensteine im Leben. Der Friedhof kann ebenso ein Ort des Erinnerns sein: ein Ort, zu dem wir uns bewusst aufmachen, um einer Person zu gedenken.

📖	1. Mose 35,16-20	Seite 48

 Jakob war es wichtig, Rahel nicht einfach nur zu begraben, sondern ein Erinnerungszeichen zu setzen, damit er die Stelle wiederfinden konnte. Es war kein Denkmal, in das ihr Name eingraviert war, und nicht primär für andere gedacht. Es war vielmehr ein Ort für ihn, ein Ort des Erinnerns, an den er zurückkehren konnte. An anderen Stellen der Bibel wird von Grabhöhlen berichtet. Hier kam es sicher auch auf die finanziellen Möglichkeiten der Hinterbliebenen an. Ein Ort ist nicht besser als der andere.

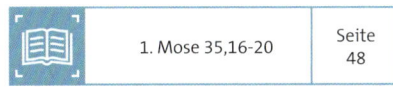

Gedenken
Wege zum Erinnern finden

Nicht für jeden ist der Friedhof der Ort, an dem er sich der verstorbenen Person am nächsten fühlt. Und das ist vollkommen in Ordnung! Wichtig ist, dass man sich Zugänge schafft, die einem helfen, in positiver Weise der verstorbenen Person zu gedenken. Das kann auch der Frühstückstisch sein, an dem man jahrelang gemeinsam saß, oder der See, um den man jedes Wochenende spazieren ging. Was ist es bei Ihnen? Was hilft Ihnen, sich an den Verstorbenen zu erinnern?

Von guten Mächten
wunderbar geborgen,
erwarten wir getrost,
was kommen mag.
Gott ist mit uns am Abend
und am Morgen
und ganz gewiss
an jedem neuen Tag.

Dietrich Bonhoeffer

BEGLEITET

*W*ie schön wäre es, wenn man alle Probleme im Leben, alles Leid umschiffen könnte! Leider funktioniert das nicht. Gott verspricht uns an keiner Stelle der Bibel ein Leben auf Wolke 7. Stattdessen dürfen wir ihn auf andere wunderbare Weise erleben ...

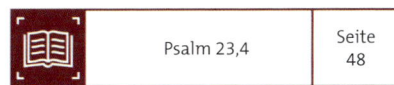

	Psalm 23,4	Seite 48

In diesem berühmten Psalm erzählt König David von seinen Erfahrungen mit Gott. Es geht nicht darum, dass er durch seine Beziehung zu Gott vor allem Unheil bewahrt bleibt. Vielmehr erzählt er von Gottes Beistand inmitten von schwierigen Zeiten in seinem Leben – und davon gab es einige! Das Bild vom finsteren Tal kann ein Symbol sein, das stellvertretend für alle dunklen Zeiten im Leben steht: Zeiten, in denen wir uns mit großen Herausforderungen

Finstere Täler
Gott geht mit

konfrontiert sehen, mit körperlichem oder seelischem Leid. David hat die Erfahrung gemacht, dass Gott mit ihm durch diese Lebensphasen geht und seine Gegenwart ihm Trost spendet.

Viele Menschen auf der ganzen Welt haben die gleiche Erfahrung gemacht wie David. Lesen Sie sich den Psalm gerne noch einmal durch und verinnerlichen Sie ihn. Und wenn Sie möchten, dann bitten Sie Gott, Ihnen heute auf ebensolche Art nahe zu sein in Ihrer Trauer.

GUT VERSORGT

*E*in kleiner Junge will seinen Eltern stolz seine neu erworbenen Radfahrkünste präsentieren. Er dreht ein paar Runden, übersieht dann aber eine Wurzel und stürzt. Sein Knie ist aufgeschlagen, die Tränen fließen. Und seine Eltern? Die tun, was zu tun ist: trösten, Nähe spenden, die Wunde reinigen und verbinden.

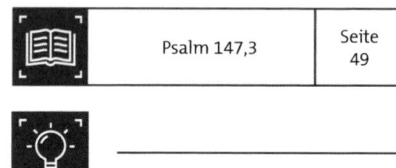

| | Psalm 147,3 | Seite 49 |

Gott ist unser himmlischer Vater. Wenn wir am Boden liegen, lässt ihn das ebenfalls nicht kalt. Gott sieht, wenn wir um einen geliebten Menschen trauern, wenn wir versuchen, den Verlust zu verarbeiten, und

Gott **tröstet und heilt**

uns eine Zukunft ohne ihn nur schwer vorstellen können. Gott trauert mit uns, denn es ist ein Mensch, den er selbst geschaffen hat. Er versteht unseren Schmerz, ist an unserer Seite und will uns helfen, den Weg der Trauer hin zu einem anderen, aber trotzdem guten Leben ohne diesen Menschen zu gehen.

In welchen Lebensbereichen brauchen Ihr Herz, Ihre Seele gerade Zuwendung und Heilung? In welcher Situation wünschen Sie sich Gottes Trost, wann menschliche Zuwendung und Unterstützung und wo können Sie sich selbst womöglich etwas Gutes tun? Haben Sie Mut und bitten Sie um Hilfe – und gönnen Sie sich selbst Gutes.

Komplizierte Trauer

Jeder Mensch trauert nicht nur anders, sondern auch unterschiedlich intensiv und lang. Es gibt keine pauschale Antwort, wann ein Trauernder sich Unterstützung im Trauerprozess suchen sollte. Ebenso sollte man Traurigkeit, die man zwischendurch einmal erlebt, gerade auch an wichtigen Feiertagen oder dem sich jährenden Todestag, nicht übereilt als unabgeschlossenen Trauerprozess fehlinterpretieren. Eine wichtige Person, die Teil des Lebens war, ist nicht mehr an unserer Seite. Auch wenn wir einen guten Umgang mit dieser neuen Wirklichkeit finden, so schmerzt sie doch noch ab und zu. Womöglich sogar noch nach Jahren. Nur eben nicht mehr so intensiv wie ganz am Anfang und inmitten des Trauerprozesses.

Was aber genau sind Kennzeichen einer „komplizierten Trauer"? Wann sollte man vielleicht einmal genauer hinschauen und sich überlegen, professionelle Unterstützung in Anspruch zu nehmen? Von komplizierter Trauer spricht man, wenn die trauernde Person auch nach längerer Zeit so von der Situation überwältigt ist, dass sie für sich selbst wenig hilfreiche Verhaltensweisen an den Tag legt oder im Zustand der Trauer verharrt, ohne dem Abschluss näher zu kommen. Laut J. William Worden gibt es verschiedene Faktoren, die den Trauerprozess behindern können:

1. Die Art der Beziehung zur verstorbenen Person
Wenn sie sehr zwiespältig war, von einseitiger oder gegenseitiger Abhängigkeit geprägt, die andere Person übergriffig war oder man sich Dinge von der Beziehung erträumt hat, die sich aber nicht erfüllten, können diese ungelösten Konflikte die Trauer verkomplizieren.

2 . Die äußeren Umstände
Sind innerhalb recht kurzer Zeit gleich mehrere Verluste eingetreten, handelt es sich um einen ungeklärten Todesfall, bei dem man den Tod nicht sicher nachweisen kann, oder ist der Tod im Zuge einer Tragödie wie etwa einem Amoklauf eingetreten, kann es schnell zu einer sogenannten Trauer-Überlastung kommen.

3. Die eigene Vorgeschichte
Gab es in der Vergangenheit bereits nicht vollständig verarbeitete Todesfälle, leidet man unter Depressionen oder hat eher unsichere Bindungen, kann dies ebenfalls die Trauer kompliziert machen.

4. Die eigene Persönlichkeit
Es ist nicht leicht, sich dem Schmerz der Trauer zu stellen. Wer ihm aber ausweicht, verhindert ein gutes Aufarbeiten der Situation. Ebenfalls schwierig kann es für Menschen, die es gewohnt sind, die Rolle des ewig Starken einzunehmen, sein, sich in ihrer Schwäche und Verletzlichkeit zu zeigen.

5. Die sozialen Faktoren

Trauer braucht die Unterstützung des sozialen Umfelds. Fällt diese weg, weil der Verlust, zum Beispiel im Falle einer Fehlgeburt, gar nicht als solcher gewürdigt wird, oder wie bei Suizid eine große Sprachlosigkeit auslöst, die oftmals zu Rückzug führt, ist es schwierig. Auch hat sich herausgestellt, dass Menschen, die die verstorbene Person persönlich kannten, oftmals eine größere Unterstützung darstellen, als wenn dies nicht der Fall war.

Sollten Sie bei sich feststellen, dass Sie im Trauerprozess „feststecken" und einfach nicht weiterkommen, scheuen Sie bitte nicht davor zurück, sich Hilfe zu suchen!
Mögliche Anlaufstellen im Internet finden Sie hier im Heft auf Seite 44 oder wenden Sie sich an die Telefonseelsorge unter 0800 1110111 oder 1110222.

UNTERWEGS NACH HAUSE

*Z*u Hause ist man dort, wo man willkommen ist, sich wohl und angenommen fühlt und ganz man selbst sein kann. Man kann Jahre und Jahrzehnte an einem Ort leben, dort auch ein paar Freunde haben, und doch ist es womöglich keine Heimat im eingangs beschriebenen Sinne.

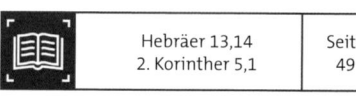

| | Hebräer 13,14 | Seite |
| | 2. Korinther 5,1 | 49 |

In den beiden Bibelstellen ist davon die Rede, dass wir Menschen unterwegs sind – hin zu einer Stadt, die ewig bestehen wird. Gemeint ist damit kein Ort auf dieser Erde, sondern die Ewigkeit in Gottes neuer

Der Tod
**Ende, aber auch
Übergang und Anfang**

Welt, in seiner Nähe. Unser Leben hier auf der Erde ist nur der erste Teil, quasi der Auftakt für das, was noch kommt und wofür wir geschaffen sind: ein Leben mit Gott, wie er es ursprünglich geplant hatte. Der Tod ist nicht das Ende, sondern nur der Grenzübertritt zu unserer wahren Heimat. Dafür sind wir geschaffen.

Ankommen am Ziel. Wie schön ist das, wenn die lange und oftmals mühsame Anreise einen dorthin bringt, wohin man aufgebrochen ist. Christen sind nach ihrem Tod angekommen in ihrer neuen Heimat, an ihrem Bestimmungsort. Das mindert nicht den Verlust, den die Hinterbliebenen erleben, kann aber vielleicht etwas Trost spenden. Wie geht es Ihnen mit diesem Bild des Heimkommens?

DAS HAPPY END

*E*in Leben ohne Tränen, Leid und Tod – wer wünscht sich das nicht? Die meisten von uns haben schon unglaublich viel Leid und Schmerz erlebt und es reicht uns. Wir wollen nichts mehr hören von Freunden, die erkranken, von Verwandten, die sterben, vom Leid der Welt.

	Offenbarung 21,3-4	Seite 49

Hier auf der Erde werden wir dieses Ideal nicht erleben. Wir dürfen aber in der Hoffnung auf eine Zukunft leben, die in Gottes Gegenwart Realität werden wird: eine Welt, in der wir wieder vereint sind mit unseren Liebsten. Eine Welt, in der die einzigen Tränen, die vergossen werden, Freudentränen sein werden. Eine Welt, wie Gott sie sich ursprünglich gedacht hat. Das genaue Gegenteil von

Happy End
Alles wird gut

dem, was wir hier auf Erden oft erleben. Noch sind wir nicht da. Aber wir dürfen wissen: Sie existiert. Und wir werden sie erleben. Und dann wird alles gut sein.

Oft schauen wir zurück und denken über das nach, was wir verloren haben. Was wir aber genauso brauchen, ist ein Blick auf das, was kommt. Wohin geht Ihr Blick heute und was sehen Sie?

PRIORITÄTEN SETZEN

*B*ei Kindern heißt es oft, sie müssen bestimmte Erfahrungen selbst machen, um daraus zu lernen. Meist hilft es aber auch schon, Lehren aus dem zu ziehen, was wir bei anderen beobachten. Zum Beispiel muss man nicht erst selbst sterben, um zu begreifen, dass das Leben endlich ist. Aber was mache ich mit diesem Wissen?

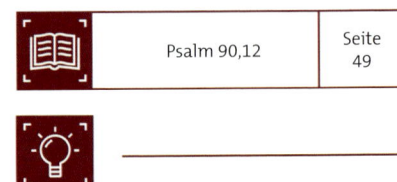

| | Psalm 90,12 | Seite 49 |

Immer wieder begegnen wir dem Tod. Irgendwann wird er auch uns treffen, denn wir können ihm nicht entgehen. Die alles entscheidende Frage ist, was wir mit diesem Wissen anstellen. Welche Konsequenzen ziehen wir daraus? Es geht nicht darum, sich den Tod als Schreckgespenst permanent vor Augen zu halten, sondern darum, sich bewusst mit der Frage auseinanderzusetzen, was man mit seiner von Gott gegebenen

Prioritäten setzen

Das Leben ist endlich

Lebenszeit anfängt. Darum geht es auch Mose in diesem Psalm. Wir wissen nicht, wie viel Lebenszeit uns gegeben ist. Und doch ist es unsere Aufgabe, verantwortungsvoll mit ihr umzugehen. Das Leben ist endlich. Wie also möchte ich es verbringen?

Nehmen Sie sich heute etwas Zeit, um dieser Frage nachzugehen, beispielsweise bei einem Spaziergang an der frischen Luft. Welche Dinge und Menschen sind Ihnen wichtig und sollten daher besondere Aufmerksamkeit erfahren? Wo wäre es womöglich an der Zeit, Prioritäten neu zu setzen?

Anlaufstellen und Hilfen für Trauernde im Internet

Allgemein:
www.hospiz-aktuell.de
www.verwitwet.de

Verwaiste Eltern:
www.verwaiste-eltern.de
www.verwaisteeltern.at
www.verein-regenbogen.ch

Suizidhinterbliebene:
www.agus-selbsthilfe.de
www.blattwenden.eu
www.verein-refugium.ch

Plötzlicher Kindstod:
www.geps.de
www.sids.at
www.sids.ch

BIBELTEXTE

| IMPULS 1 | Psalm 139,13-16 | Seite 6 |

¹³ Du hast mich geschaffen mit Leib und Geist, mich zusammengefügt im Schoß meiner Mutter. ¹⁴ Dafür danke ich dir, es erfüllt mich mit Ehrfurcht. An mir selber erkenne ich: Alle deine Taten sind Wunder! ¹⁵ Ich war dir nicht verborgen, als ich im Dunkeln Gestalt annahm, tief unten im Mutterschoß der Erde. ¹⁶ Du sahst mich schon fertig, als ich noch ungeformt war. Im Voraus hast du alles aufgeschrieben; jeder meiner Tage war schon vorgezeichnet, noch ehe der erste begann.
Psalm 139,13-16 (GNB)

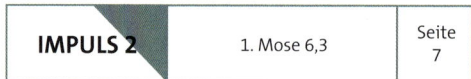

| IMPULS 2 | 1. Mose 6,3 | Seite 7 |

³ Der HERR aber sagte: „Ich lasse meinen Lebensgeist nicht für unbegrenzte Zeit im Menschen wohnen, denn der Mensch ist schwach und anfällig für das Böse. Ich begrenze seine Lebenszeit auf 120 Jahre."
1. Mose 6,3 (GNB)

| IMPULS 3 | Prediger 3,1-2 | Seite 11 |

¹ Alles, was auf der Erde geschieht, hat seine von Gott bestimmte Zeit: ² geboren werden und sterben, einpflanzen und ausreißen.
Prediger 3,1-2 (GNB)

| IMPULS 4 | Römer 8,38-39 | Seite 14 |

³⁸ Denn ich bin gewiss, dass weder Tod noch Leben, weder Engel noch Mächte noch Gewalten, weder Gegenwärtiges noch Zukünftiges, ³⁹ weder Hohes noch Tiefes noch irgendeine andere Kreatur uns scheiden kann von der Liebe Gottes, die in Christus Jesus ist, unserm Herrn.
Römer 8,38-39 (LUT)

| **IMPULS 5** | Hiob 1,21 | Seite 19 |

²¹ „Nackt kam ich aus dem Schoß der Mutter, nackt geh ich wieder von hier fort. Der HERR hat gegeben und der HERR hat genommen. Ich will ihn preisen, was immer er tut!"

Hiob 1,21 (GNB)

| **IMPULS 6** | Apostelgeschichte 9,36-41 | Seite 20 |

³⁶ In Joppe wohnte eine Jüngerin mit Namen Tabita. Ihr griechischer Name war Dorkas; beides bedeutet „Gazelle". Sie hatte viel Gutes getan und den Armen geholfen. ³⁷ Nun aber war sie krank geworden und gestorben. Sie wurde gewaschen und im Obergemach aufgebahrt. ³⁸ Von Joppe war es nicht weit nach Lydda, und als sie in Joppe erfuhren, dass Petrus gerade dort war, schickten sie zwei Männer zu ihm und ließen ihn bitten, so schnell wie möglich zu kommen. ³⁹ Petrus ging sofort mit, und als er in Joppe ankam, führten sie ihn in das Obergemach. Die Witwen der Gemeinde drängten sich um ihn und zeigten ihm unter Tränen die vielen Kleider und Mäntel, die Dorkas für sie gemacht hatte, als sie noch unter ihnen lebte. ⁴⁰ Petrus aber schickte sie alle aus dem Zimmer, kniete nieder und betete. Dann wandte er sich der Toten zu und sagte: „Tabita, steh auf!" Sie öffnete die Augen, und als sie Petrus erblickte, setzte sie sich auf. ⁴¹ Er reichte ihr die Hand und half ihr auf die Füße. Dann rief er die Witwen und die ganze Gemeinde herein und gab ihnen Dorkas lebendig zurück.

Apostelgeschichte 9,36-41 (GNB)

| **IMPULS 7** | Psalm 34,19 | Seite 21 |

¹⁹ Der HERR ist nahe denen, die zerbrochenen Herzens sind, und hilft denen, die ein zerschlagenes Gemüt haben.

Psalm 34,19 (LUT)

| **IMPULS 8** | Johannes 11,25-26 | Seite 24 |

²⁵ Jesus sagte zu ihr: „Ich bin die Auferstehung und das Leben. Wer mich annimmt, wird leben, auch wenn er stirbt, ²⁶und wer lebt und sich auf mich verlässt, wird niemals sterben, in Ewigkeit nicht. Glaubst du mir das?"
Johannes 11,25-26 (GNB)

| **IMPULS 9** | Johannes 3,16 1. Korinther 15,21 | Seite 25 |

¹⁶ Gott hat die Menschen so sehr geliebt, dass er seinen einzigen Sohn hergab. Nun werden alle, die sich auf den Sohn Gottes verlassen, nicht zugrunde gehen, sondern ewig leben.
Johannes 3,16 (GNB)

²¹ Denn da durch einen Menschen der Tod gekommen ist, so kommt auch durch einen Menschen die Auferstehung der Toten.
1. Korinther 15,21 (LUT)

| **IMPULS 10** | 2. Timotheus 1,10 | Seite 26 |

¹⁰ Jetzt aber ist diese Gnade offenbar geworden, als Jesus Christus, unser Retter, auf der Erde erschien. Er hat dem Tod die Macht genommen und das unvergängliche Leben ans Licht gebracht. Darum geht es in der Guten Nachricht.
2. Timotheus 1,10 (GNB)

| **IMPULS 11** | Prediger 3,1-2a.4 | Seite 27 |

¹ Alles, was auf der Erde geschieht, hat seine von Gott bestimmte Zeit: ² geboren werden und sterben, ⁴ weinen und lachen, wehklagen und tanzen.
Prediger 3,1-2a.4 (GNB)

| **IMPULS 12** | Hiob 1,18-20
2. Samuel 1,11-12 | Seite
30 |

¹⁸ Er hatte noch nicht ausgeredet, da kam ein vierter und sagte: „Deine Kinder waren im Haus deines Ältesten zusammen, um zu essen und Wein zu trinken. ¹⁹ Da kam ein Sturm von der Wüste her und packte das Haus an allen vier Ecken. Es ist über den jungen Leuten zusammengestürzt und hat sie alle erschlagen. Ich allein konnte mich retten, um es dir zu sagen." ²⁰ Da stand Ijob auf, zerriss sein Gewand und schor sich den Kopf kahl. Dann warf er sich nieder, das Gesicht zur Erde.

Hiob 1,18-20 (GNB)

¹¹ Als David das hörte, zerriss er sein Gewand, und dasselbe taten die Männer, die bei ihm waren. ¹² Sie weinten und fasteten bis zum Abend und hielten die Totenklage um Saul und um seinen Sohn Jonatan und um das Heer des HERRN, um alle Männer Israels, die in der Schlacht gefallen waren.

2. Samuel 1,11-12 (GNB)

| **IMPULS 13** | 1. Mose 35,16-20 | Seite
33 |

¹⁶ Dann zog Jakob mit seiner Familie von Bet-El weiter. Als sie nur noch ein kleines Stück von Efrata entfernt waren, setzten bei Rahel die Wehen ein. Sie hatte eine sehr schwere Geburt. ¹⁷ Während sie sich unter großen Schmerzen abmühte, rief ihr die Hebamme zu: „Hab keine Angst! Du hast wieder einen Sohn!" ¹⁸ Aber Rahel spürte, dass es mit ihr zu Ende ging. Deshalb nannte sie das Kind Ben-Oni; aber sein Vater nannte es Benjamin. ¹⁹ Rahel starb, und Jakob begrub sie dort an der Straße nach Efrata, das jetzt Betlehem heißt. ²⁰ Er stellte auf ihrem Grab einen Denkstein auf; der steht dort noch heute als Grabmal Rahels.

1. Mose 35,16-20 (GNB)

| **IMPULS 14** | Psalm 23,4 | Seite
35 |

⁴ Und ob ich schon wanderte im finstern Tal, fürchte ich kein Unglück; denn du bist bei mir, dein Stecken und Stab trösten mich.

Psalm 23,4 (LUT)

IMPULS 15	Psalm 147,3	Seite 36

3 Er heilt alle, deren Herz zerrissen ist, und verbindet ihre Wunden.
Psalm 147,3 (GNB)

IMPULS 16	Hebräer 13,14 2. Korinther 5,1	Seite 40

14 Denn auf der Erde gibt es keine Stadt, in der wir bleiben können. Wir sind unterwegs zu der Stadt, die kommen wird.
Hebräer 13,14 (GNB)

1 Wir wissen ja: Wenn das irdische Zelt, in dem wir jetzt leben, nämlich unser Körper, abgebrochen wird, hat Gott eine andere Behausung für uns bereit: ein Haus im Himmel, das nicht von Menschen gebaut ist und das in Ewigkeit bestehen bleibt.
2. Korinther 5,1 (GNB)

IMPULS 17	Offenbarung 21,3-4	Seite 41

3 Und vom Thron her hörte ich eine starke Stimme rufen: „Dies ist die Wohnstätte Gottes bei den Menschen! Er wird bei ihnen wohnen, und sie werden seine Völker sein. Gott selbst wird als ihr Gott bei ihnen sein. 4 Er wird alle ihre Tränen abwischen. Es wird keinen Tod mehr geben und keine Traurigkeit, keine Klage und keine Quälerei mehr. Was einmal war, ist für immer vorbei.
Offenbarung 21,3-4 (GNB)

IMPULS 18	Psalm 90,12	Seite 42

12 Lehre uns bedenken, dass wir sterben müssen, auf dass wir klug werden.
Psalm 90,12 (LUT)

WAS IST DER BIBELLESEBUND?

Wir sind von der Bibel und ihrer Botschaft begeistert! Diese Begeisterung möchten wir teilen und weitergeben. Deshalb unterstützen wir Menschen jeder Altersgruppe dabei, einen eigenen Zugang zur Bibel zu erhalten und in ihrem Alltag mit der Bibel zu leben. International kennt man uns unter Scripture Union. Wie viele andere christliche Werke auch, arbeiten wir auf der Glaubensgrundlage der Evangelischen Allianz.

Kurz gesagt:

Wir möchten ...

... Menschen aller Altersgruppen

mit der Guten Nachricht von Jesus Christus bekannt machen

und sie ermutigen,

ihm durch Bibellesen und Gebet täglich zu begegnen.

Dies tun wir durch weltweite Einsätze

und Publikationen.

Wenn Sie mehr wissen möchten:
www.bibellesebund.net

Lust auf mehr?

Nun haben Sie anhand dieses Heftes 18 Impulse aus der Bibel erhalten. Wir hoffen, dass Sie dabei wertvolle Gedanken für Ihr Leben mitnehmen konnten. Wenn dieses Heft Ihr Interesse an der Bibel und weiteren Themen geweckt hat, dann finden Sie hier weitere Möglichkeiten, Entdeckungen in der Bibel zu machen.

Weitere Hefte folgen.
Hier erfahren Sie mehr:
shop.bibellesebund.net

Thematisches Bibellesen

BIBELZEIT

Die Bibellese-Themenhefte können auch in der App *Bibelzeit* erworben werden!